És Melo

A fórmula mágica das grandes escolhas

Teorema Torre Alta ©

Destrave e melhore suas decisões

Torre Alta Group

Teorema Torre Alta ©

$$(t + or + r + e) - (a + l + t + a) = \cdot(-1) \therefore s \vee n$$

A vida é escolhas e resultados,
não escolher é não viver.
E em cada decisão
vamos abrindo mão
de outras possibilidades,
saber escolher certo é fundamental.

Sumário

Considerações iniciais

Temos hoje uma overdose de informações, são mais de 100 mil revistas, mais mil títulos de livros editados por dia em todo o mundo e milhões de horas de vídeo no youtube semanalmente.

Pesquisadores[1] da Universidade de Edimburgo e de Essex analisaram as escolhas feitas em vários encontros, para no final escolher – ou não – os parceiros de que mais gostou. O resultado mostrou que os participantes fizeram menos ou nenhuma das propostas para um segundo encontro quando tinham maior variedade de opções. Essa variedade, em vez de possibilitar melhores decisões, na verdade confunde e prejudica a qualidade da escolha.

As inúmeras alternativas de marcas de produtos no supermercado, por exemplo, tornam o processo custoso. As pessoas se sentem aliviadas quando não precisam decidir.

Quando temos que escolher uma alternativa, é necessário abrir mão de muitas outras potencialmente boas também. Isso gera um sentimento de perda e situações de impasse, cuja resolução é tão difícil que a tomada de decisão por vezes pode ser um ato de sofrimento. Nosso cérebro nem sempre opta pela criatividade quando

---

[1] http://www.scientificamerican.com/article.cfm?id=speed-dating-decision-making-why-less-is-more, acesso em 08/02/2021.

busca soluções: prefere o conhecido a ter de enfrentar a novidade. Até mesmo os caminhos novos se baseiam no que conhecemos.

Não existe decisão sem emoção. A avaliação leva em conta prazer e medo. A possibilidade de sucesso cria sentimento de prazer e em um possível fracasso nos aproxima da dor e do medo.

Vivemos, porém, em sociedade, e ela nos oferece muitos desafios. A sociedade fluida nos impede de tomar boas decisões. O excesso de opções, pouco tempo para decidir, falta de atenção, distrações e impulsos, são óbices à decisão.

O estresse prejudica várias funções cognitivas, como a memória e a atenção, podendo levar a decisões impulsivas por dificultar a flexibilização do raciocínio. Excesso de estímulos causam uma espécie de engarrafamento mental. Sabemos que existe um limite de informação com que o cérebro pode trabalhar por vez, assim como a atenção também tem capacidade limitada.

Assim, para muitos, a tomada de decisão se dá na velha abordagem "tudo ou nada", também chamada de falso dilema, falsa bifurcação ou pensamento preto e branco. Situação em que duas alternativas são colocadas como sendo as únicas alternativas, sem considerar outras opções ignoradas. Por exemplo, uma pessoa se atrasa para um compromisso marcado, será que ela dormiu demais ou se perdeu no trajeto? Ligamos para a casa dela e ela não atende, portanto, a conclusão é de que ela se perdeu. A lógica usada é se X for verdadeiro, então Y é falso, e se Y é verdadeiro, então X é falso, quando, na verdade, há centenas de outras possibilidades além dessas duas.

Utilizar visão de túnel para tomar decisões faz com que se percam oportunidades. Por isso, devemos considerar múltiplas alternativas para tomar decisões mais eficazes.

São três as principais maneiras de fugir desse pensamento de túnel. A primeira é o chamado "Teste de opções de fuga"; imagine que você não pode optar por nenhuma das possibilidades consideradas, tendo de buscar obrigatoriamente outras alternativas. Logo ficará evidente que você tem muito mais opções disponíveis do que havia imaginado e poderá tomar decisões melhores.

Outra técnica é conhecida como *Multipista*, que basicamente considera e testa diversas opções ao mesmo tempo. Por exemplo, em vez de fechar contrato com a empresa A ou B faz-se uma pesquisa de preços com outros players do mercado, ou em vez de divorciar-se procurar um (ou vários, por que não?) terapeuta de casais.

Pode-se utilizar também a técnica das playlists, uma maneira mais dinâmica que as checklist. As checklists fornecem diretrizes para que processos ocorram corretamente e buscam evitar que erros sejam cometidos, mas em muitas situações, não existe resposta certa ou errada. Assim, as *"playlists"* ajudam no processo de geração de ideias usando perguntas chaves que permitam o surgimento de uma variedade de alternativas, garantindo que muitas possibilidades sejam consideradas, portanto, são mais úteis do que as *checklist* no momento da escolha, pois aquelas são projetadas para gerar novas ideias.

Exemplos de perguntas que podem ser utilizadas:

- O que temos a perder se conseguirmos?
- O que teremos a ganhar se não conseguirmos?
- Quais são as minhas habilidades?
- Quais são as minhas dificuldades?
- O projeto é adequado a minha atual fase de vida ou da sociedade?

Perguntas não tem limites e é delas, não das respostas, que vêm os *insights,* e permitem que você, ou sua equipe, considere uma gama de alternativas e estímulos para pensar mais profundamente sobre a situação, elas permitem multitarefas e podem ser reutilizadas. Você pode ter *playlists* relacionadas às situações parecidas e que levem a tomada de decisões melhores no futuro.

Uma observação importante que deve ser levada em conta é que seres humanos têm a tendência natural de procurar informações que confirmem suas crenças e ideias, o chamado Viés de Confirmação. Lembrar, interpretar ou pesquisar por informações de maneira a confirmar crenças ou hipóteses pré-estabelecidas, pode nos impedir de tomar decisões bem informadas.

Se só prestamos atenção às informações que apoiam nossas crenças e ignoramos conceitos que sejam contrários a elas, não poderemos chegar a boas conclusões. Por vezes, você pode pensar que está considerando opções diferentes, mas a verdade é que você já tomou sua decisão e só está procurando por referências que a apoiam.

Uma maneira de fugir desse viés é desafiar suas crenças. Considere o oposto do que você acredita, dê uma chance justa ao contraditório, isso vai te fazer bem. Se você só tem uma opção, não tem escolha. Se tem duas, é um dilema. Para se considerar escolha, é importante ter mais de três opções.

> A realidade não é o que acontece a você.
> É como você interpreta o que acontece com você.
> – Aldous Huxley

Utilize o teste de realidade. Desafie suas suposições, isso vai te impedir de chegar às conclusões baseadas em seus sistemas de crença distorcidos, faça testes a suas hipóteses em vez de tomar decisões baseadas em seus pensamentos anteriores.

Uma abordagem diferente pode ser benéfica. Em vez de, por exemplo, cursar uma faculdade, que tal conseguir estágio naquela área para ver se é o que você realmente quer? Você também pode testar novas ideias de negócios ou processos. Nos relacionamentos, namorar é basicamente um método de tentativa e erro para descobrir o tipo de pessoa com que se quer relacionar.

Outra observação é a intervenção das emoções nas decisões. As piores decisões, com frequência, foram tomadas em momentos de fortes emoções. Raiva, ganância e inveja exercem grande influência sobre nós.

Esfriar a cabeça antes de tomar uma decisão te livrará de tomar decisões e depois se arrepender, dá um tempo para que suas emoções intensas diminuam, bem como também diminua a reação instintiva quando for fazer uma escolha, não deixando que suas emoções te influenciem demais. Emoções de curto prazo geram pensamentos de curto prazo, ignorando consequências de longo prazo.

Para criar alguma perspectiva para prevenir que suas emoções imediatas te influenciem demais, você pode utilizar a regra 10/10/10 desenvolvida por Suzy Welch - pensar sobre suas decisões em três diferentes momentos - como você vai se sentir daqui a 10 minutos, 10 meses e 10 anos em relação a sua escolha ou atitude. Ao se distanciar mentalmente da situação você tem mais chances de fazer a escolha correta, pois passa a considerar as coisas por outra perspectiva.

A falta de humildade também pode ocasionar decisões precipitadas. Excesso de confiança em algo leva a não considerar outras opções. Assim, algumas vezes as consequências podem ser prejudiciais. Erros médicos são exemplos de casos que podem ser cometidos devido à confiança excessiva.

Um antídoto é considerar pelo menos 2 cenários: o melhor e o pior de cada situação. Isso possibilitará refletir nas consequências ao ser lembrado da realidade, o que te fará tomar cuidados extras.

Pensar em cenários negativos prevenirá que cenários negativos realmente aconteçam. Pensar em cenários positivos pode considerar o que te levou ao sucesso, isso te guiará a escolhas corretas para que essa situação realmente aconteça.

Invista tempo refletindo em suas escolhas, isso evitará que gaste muito mais tempo tentando consertar o que deu errado.

Você tem medo da escolha?

Você já deixou de fazer uma escolha simplesmente por medo de ser a escolha errada? Os principais motivos para evitar as escolhas são; o medo do arrependimento; postergação por indecisão; opinião conflitiva de outras pessoas que ocasionam mais dúvidas, medo de perder oportunidades.

A maioria das decisões tem volta. Um curso na faculdade e, até mesmo, depois de anos de profissão, por exemplo, pode se optar por mudar de rumo.

Escolha é movimento, tira da zona de conforto. Ao apontar os prós e os contras antes de decidir, você deve fazer de forma rápida e objetiva. Uma vez decidido deve seguir em frente e fazer ajustes necessários.

Um dos pressupostos da PNL (Programação-neurolinguística) é que sempre fazemos a melhor escolha que poderia fazer em dado momento. Então não seja refém das suas escolhas, mas rei delas. Se der errado? com um sorriso no rosto e esperança no coração, tente novamente, e assim vamos vivendo e evoluindo, atendendo sempre ao chamado da vida.

Jesus Cristo e Buda foram figuras importantes da humanidade para diversas crenças e religiões, assim o são por terem atendido aos seus chamados.

Devemos nós também encarar as mudanças como a árvore - que recebe sol, chuva, vento, mas se mantém com tronco e raízes firmes, e galhos livres para crescer, pois sabem de onde vem a sustentação.

Para Elisabeth Kübler-Ross (1926-2004), desenvolvemos alguns mecanismos de defesa para lidarmos com perdas; negação, raiva, negociação, depressão e aceitação. Mecanismo de defesa é um termo cunhado por Freud no final do século XIX, o qual faz alusão ao modo da consciência humana de lidar com situações difíceis.

De forma individual, existem pelo menos sete defesas: preguiça, medo, raiva, insegurança, dor, negatividade, ignorância e desconexão espiritual.

As crianças são naturalmente espontâneas, dispostas, curiosas e alegres, por vezes são tidas como malcriadas, então, em momentos de crise, podem desenvolver as defesas da insegurança e da dor.

Os adolescentes, audaciosos e dinâmicos, quando reprimidos, desenvolvem as defesas do medo e da raiva. Os adultos, mais proativos, responsáveis, que buscam a autonomia ou estabilidade, podem cair no estereótipo de irresponsáveis ou viciados em trabalho, podem desenvolver na crise a defesa da preguiça.

Os idosos, pacientes e com muito conhecimento de vida, são tidos como doentes e reclamadores. Nesses casos costumam desenvolver as defesas da ignorância e da abstenção.

De acordo com a apresentação de algum desses sintomas, pode-se ver qual fase da vida está prejudicada e reagindo contra a mudança.

Coletivamente também pode haver manifestação dessas defesas, colapsos no sistema social e político, as demandas sociais que nos mantém alienados, ocupados, assustados, distraídos.

Perdemos a autonomia e o autoconhecimento, fracionamos nossa vida, entregamos nosso corpo ao médico, nossa mente ao psicólogo, nossa alma à religião (não a Deus).

As crises e os pontos de ruptura e mudanças fazem parte da evolução individual e coletiva. Crises são grandes acúmulos de energia, que precisam ser canalizados, devemos encarar os desafios para não criarmos uma bomba-relógio.

Nesse sentido, a meditação, uma prática milenar de culturas ancestrais, cuja origem se perdeu no tempo, pode ajudar a lidar com as crises, pois permite visualizar os desafios com mais clareza e tranquilidade. As crises podem nos ajudar a crescer, pois trazem reflexões, despertando qualidades, talentos e virtudes e expandindo nossa visão da vida.

A meditação ativa uma parte do cérebro ligada à tomada racional de decisões e dá capacidade para se concentrar no presente, afastando emoções que possam atrapalhar a lógica.

Boas escolhas requerem expurgar e lavar, abandonar emoções negativas, velhas crenças e hábitos nocivos que servem apenas como grilhões, aquelas bolas de ferro presas pela corrente ao pé dos prisioneiros.

A preparação para as mudanças se dá como a preparação para qualquer outra coisa da vida. Os livros são a opção mais barata de todas e podem nos guiar e ampliar nossa visão. Seminários podem nos conectar a outras pessoas com os mesmos interesses, é uma ótima oportunidade de network. Viagens, por sua vez, permitem a aprendizagem baseadas em diferentes culturas, nos dão perspectivas mais globais. Imersões são tremendamente poderosas, e podem usar-se das experiências dos itens anteriores – podem nos alinhar com a natureza, autoconhecimento e praticar o que foi aprendido.

No entanto, o essencial é a ousadia - importante para colocar em prática o que foi dito anteriormente: analisar, preparar e agir. A audácia é a ignição, no entanto, precisamos parar para pensar em como podemos ser ousados.

Audácia etimologicamente vem do latim *audacia*, com o significado de coragem e atrevimento, e do latim *audax*, atrevido e bravo. A audácia e autocomando devem caminhar juntas, isso te dá poder pessoal para assumir o controle do destino e não ser marionete de acontecimentos. Deixar de esperar algo a mais da vida e ser o algo a mais que a vida espera. É avançar em marcha rumo ao desejado, ter pensamento próprio, criar métodos para se educar e trabalhar e ser responsável pela própria vida, largando o vitimismo.

O aperfeiçoamento e reflexão constantes nos permitem entender quem somos e compreender a própria natureza e as limitações, melhoram nossa relação com nós mesmos e com as outras pessoas, é a base e primeiro passo para acessar a sabedoria da vida.

Sem consciência não há como conhecer nossas habilidades, ficamos inseguros e fragilizados na tomada de decisões. Devemos ter consciência de nossos potenciais e fragilidades físicas, emocionais e espirituais para termos a correta ousadia.

Teorema Torre Alta - Suas decisões, sua vida

Saber tomar decisões assertivas é uma arte fundamental. Um protocolo ou sistemas para melhorar as probabilidades de fazer as escolhas corretas é sempre bem-vindo.

Foram diversas tentativas e erros até que cheguei ao denominador comum que é o **Teorema Torre Alta** ©:

$$(t + or + r + e) - (a + l + t + a) = \cdot(-1) \therefore s \vee n$$

De cara assusta, sei disso, mas é simples e fácil de calcular, como verá. Interessante saber que muitas pessoas, nem mesmo precisam realizar o cálculo, pois ao analisar os termos da equação, como tempo, recursos, labuta etc., instintivamente já sabe se vale a pena ou não iniciar ou tocar algum projeto.

Abaixo vou passar um resumo do que será detalhado nos capítulos seguintes, que serão acrescidos de observações e poderosos *mindsets*. Também há uma planilha eletrônica para download gratuito em: *esmelo.top/planilha-teorema*.

Explicando os termos da Fórmula:

Primeira parte:

A primeira parte do teorema - (t+ or+ r+ e) é a soma das contrapartidas, ou seja, daquilo que você terá de dar em troca do que vai receber, a saber;

T = Tempo

Saber quanto uma decisão vai custar em termos de tempo é fundamental. Tempo é um dos recursos não renováveis da vida e perdê-lo, portanto, é uma grande lástima.

Quanto tempo da sua vida em horas, dias meses, ou até mesmo anos, você terá de investir em um projeto?

Muitas vezes são os nãos que nos levam ao correto sim, como nas provas de múltipla escolha que usamos o método de eliminação.

Quanto mais produtivo se é, mais tempo se ganha e, portanto, mais liberdade se tem.

É possível conhecer as prioridades de uma pessoa observando a forma como ela utiliza o tempo.

O = Obrigação de Recursos

Obrigações, aqui, vão muito além do conceito jurídico do termo e institutos de dever, obrigação, ônus e sujeição. Mas vale a pena abordar um pouco sobre o conceito legal desses termos; dever é quando se deve observar determinada conduta, sob pena de sanção; obrigação é aplicável à relação credor-devedor, aplicável aos contratos; ônus é a exigência de determinada conduta sob pena de não alcançar um benefício; já a sujeição é poder fazer algo sem a concordância da outra parte.

Para além das normas jurídicas, elenco também, não apenas o emprego de recursos financeiros e dinheiro, mas equipes, instrumentos, meios, logística.

Pode ocorrer da obrigação de recursos imobilizar valores ou bens seus e de sua família. Dependendo do risco do negócio/projeto, você pode acabar sem reservas financeiras ou bens, sem um plano de contingência.

Também deve se atentar à obrigação de localização geográfica, ou seja, você terá de bater ponto ou estar em determinado local como obrigação do projeto? Deverá enfrentar muitas horas de trânsito? Se deslocar a outra cidade? Talvez isso não combine com seu estilo de vida, se, por exemplo, você gosta de viajar, mas devido ao projeto terá de ficar por longos períodos no mesmo lugar sem um plano de substituição.

R = Reflexos negativos

Executar o projeto trará reflexos a sua vida?
Serão bons?
Quais os efeitos colaterais?
Como isso afetará sua família e relações sociais?

Esse é um ponto por vezes negligenciado, que afeta negativamente a performance quando conflitos familiares surgem devido a viagens constantes, ausência prolongada etc., é bom ter em mente esses reflexos para não se perder no caminho.

E = Energia:

Quanto de sua vitalidade terá de ser empregada no projeto?
Isso vai te deixar cansado ou esgotado?
Isso vai minar sua saúde?

São pontos importantes a se perguntar.

A soma dos termos acima, que se referem a quanto você dará de si ao projeto, terá de ser menor que a soma dos próximos termos, que será o que você vai receber em troca.

Segunda parte:

Os termos da segunda parte são (a+L+t+a). No final da soma da primeira e segunda parte, a soma dos termos da primeira parte será subtraída da soma da segunda parte, assim:

$$\text{Primeira parte} - \text{Segunda parte} \cdot (-1) = \text{sim ou não}$$
$$\text{ou}$$
$$(\text{contrapartida}) - (\text{benefícios}) \cdot (-1) = \text{sim ou não}$$
$$\text{ou}$$
$$(t + or + r + e) - (a+l+t+a) \cdot (-1) = \therefore s \lor n$$

Os termos que compõe a segunda parte são os elencados abaixo:

A= Adequado:

Esse projeto será adequado ao seu estágio atual de vida ou da sociedade, é compatível com seu estilo de vida?

O projeto é ecológico (no sentido de ser bom para você, sua família, para a sociedade e a natureza)?

O projeto é moral e ético?

Você quer trabalhar com todas as pessoas envolvidas no projeto?

L= Labuta:

A soma de todo o trabalho e as atividades e tarefas individuais e de equipes envolvidas e os prazos compensam o resultado desejado?

Mais dinheiro nem sempre melhorará sua condição de vida. Por vezes acreditamos que não fazemos as coisas por dinheiro, mas, com isso, estamos apenas evitando a causa verdadeira dessa nossa atitude.

Dinheiro em si é meio, nunca uma finalidade, é imprescindível termos consciência disso. O que distingue seres humanos de animais é a sua consciência e a intencionalidade para o trabalho.

T= Tornar maior/transpor:

A letra T do teorema se refere ao retorno do investimento em dinheiro ou em patrimônio e a possibilidade de **transpor.** Por vezes o resultado da iniciativa não resulta, em um primeiro momento, em dinheiro, mas serve de trampolim para relacionamentos ou negócios futuros ou outros trabalhos escaláveis.

A= Aprimorar/Aperfeiçoar;

O projeto possibilitará melhorar habilidades que você queira ter ou desenvolver no sentido de melhorar como pessoa e como profissional? Esse termo trata de desenvolvimento pessoal.

Explicando o cálculo

A análise do conjunto do teorema resultará (=) em sim ou não (∴ s V n) ao projeto, ou quase qualquer coisa que você for fazer na vida.

O símbolo matemático "∴" significa "portanto", e o símbolo matemático "V" significa "excludente", ou seja, um sim excluirá um não, e um não excluirá um sim.

O resultado do teorema passará pelo crivo POSSIBILIDADE/ NECESSIDADE/ VONTADE, você será capaz de saber se tem recursos (possibilidade) para iniciar um projeto (dinheiro, energia, tempo), se tem necessidade (se o resultado é o desejado) e se tem realmente vontade de fazer (se está de acordo com suas orientações e desejos pessoais).

A pontuação

A pontuação que se dá a cada item (Tempo; Obrigações de Recursos; Reflexos; Energia; < Adequado; Labuta; Tornar maior/transpor; e Aprimorar) de zero (0) a dez (10), sendo que na primeira parte a pontuação se refere a entrega, ou seja, quanto maior pior, e na segunda parte aos benefícios, quanto maior melhor.

Na PRIMEIRA PARTE do teorema – contrapartida – a pontuação vai escalando conforme grau maior de entrega, ou seja, na PRIMEIRA PARTE, quanto MAIOR, PIOR será (tabela 01):

Pontos	Conceito	Observação
0-2	Topo da Torre	Pouca ou nenhuma contrapartida
2-3	Muito bom	Baixa contrapartida
3-4	Bom	Baixa contrapartida
4-5	Aceitável	Contrapartida mediana
5-6	Regular	Contrapartida pouco acima da média
6-7	Atenção	Contrapartida requer cautela
7-8	Pense melhor	Contrapartida exigirá muito de seus recursos, veja o que pode ser mudado no seu projeto
8-9	Tenha cuidado	Você está numa zona perigosa, repense o projeto com atenção
9-10	Péssimo	Tragédia anunciada

Na próxima tabela teremos o detalhamento da pontuação da segunda parte do teorema.

Na SEGUNDA PARTE do teorema – recompensa – a pontuação vai escalando conforme grau maior de retorno, ou seja, quanto MAIOR, MELHOR será (tabela 02):

Pontos	Conceito	Observação
0-2	Péssimo	Tragédia anunciada

Resultado	Conceito	Observação
2-3	Muito Ruim	Pouco ou nenhum retorno
3-4	Ruim	Você está numa zona perigosa, repense o projeto com atenção
4-5	Muito fraco	Requer cautela, veja o que pode ser mudado no seu projeto
5-6	Fraco	Pouca recompensa, será que compensa o risco e desgaste?
6-7	Regular	Está em um bom caminho, podendo melhorar com algumas alterações
7-8	Bom	Boa recompensa, encare com bons olhos
8-9	Muito bom	Muito promissor
9-10	Topo da Torre	Trace um plano e vá fundo

Os itens acima se referem a cada um dos itens que deverão ser somados. Inicialmente some os itens da primeira parte, em seguida some os itens da segunda parte. Logo depois, subtraia o cálculo da primeira parte ao da segunda parte, dessa forma:

Primeira parte

(-) <u>Segunda parte</u>

= Resultado final · (-1)

O resultado final deverá ser encaixado na pontuação da próxima tabela (tabela 03):

Resultado	Conceito	Observação

-40 – 0	Péssimo	Tragédia anunciada
0 – 2	Muito Ruim	Risco Altíssimo
2 – 4	Ruim	Você está numa zona perigosa, repense o projeto com atenção
4 – 6	Muito fraco	Requer cautela, veja o que pode ser mudado no seu projeto
6 – 8	Preste Atenção	Será que compensa o risco e desgaste?
8-10	Bom	Está em um bom caminho, podendo melhorar com algumas alterações
10 – 14	Muito Bom	Bom contexto, encare com bons olhos
14 – 18	Excelente	Muito promissor
18 – 40	Topo da Torre	Com planejamento de qualidade tem todas as chances de dar certo

Na próxima página teremos alguns exemplos do uso na prática. Você verá que é possível analisar e refletir sobre pontos importantes e focar em melhorias, se decidir tocar o projeto.

Exemplo 1:

Seguem abaixo exemplos do cálculo na prática:

Nome do Projeto: abrir uma loja de "Bíblias e Lingeries"

Primeira Parte

Item	Pontuação	Motivo da pontuação
T = Tempo	10 (péssimo)	Trabalhar 8h/dia 6 dias por semana, mas gostaria de ficar com a família
OR = Obrigação de Recursos	8 (tenha cuidado)	Vai usar quase todos os meus recursos financeiros.
R = Reflexos	7 (pense melhor)	Passar menos tempo om a família, não gosto da futura sócia
E = Energia	6 (atenção)	Acho cansativo vender, não gosto de vender.

Observações extras/ possíveis melhorias:

T – Abrir em meio expediente?
OR – Abrir na garagem de casa para poupar recursos?
R – Trocar de sócia
E – Fazer um treinamento na Torre Alta Finanças & Business

Veja a continuação do exemplo referente à segunda parte do cálculo na próxima página.

Segunda Parte

Item	Pontuação	Observação
A = Adequação	4 (muito fraco)	Bíblias e lingeries combinam?
L = Labuta	5 (fraco)	Não gosto de trabalhar no comércio

T = Tornar maior/ transpor	6 (regular)	Retorno de 30% sobre investimento
A= Aprimorar/ Aperfeiçoar	9 (excelente)	Requer cautela, veja o que pode ser mudado no seu projeto
Observações extras/ possíveis melhorias: A= Substituir lingeries por livros de espiritualidade? L = fazer um estágio para entender melhor? T = negociar preço para aumentar a margem? A = seria bom desenvolver a comunicação e vendas		

Cálculo:

$$(t + or + r + e) - (a + l + t + a) = \cdot \mathit{(-1)} \therefore s \vee n$$
$$(10 + 8 + 7 + 6) - (4 + 5 + 6 + 9) = \cdot \mathit{(-1)} \therefore s \vee n$$
$$31 - 24 = 7 \cdot (-1)$$
$$-7 = \text{Péssimo (vide tabela 3)}$$
$$\text{Parecer} = \text{péssimo}$$

Observe que a primeira parte é maior do que a segunda, ou seja, a contrapartida é maior do que o retorno.

$$\therefore \text{Não}$$

Pelo que vimos, o projeto possui vários pontos que precisam de melhorias e não se apresenta adequado. É possível fazer várias alterações para melhorar as chances de dar certo e melhorar a experiência pessoal no projeto.

Na próxima página teremos mais um exemplo.

Exemplo 2

Neste segundo exemplo remodelaremos o projeto anterior. Você poderá notar que um mesmo projeto e em situações parecidas podem ter resultados opostos para diferentes pessoas, ou até mesmo para a mesma pessoa em momentos diferentes da vida.

Nome do Projeto: abrir uma loja de "Bíblias e Lingeries" (segundo caso)

Primeira Parte

Item	Pontuação	Motivo da pontuação
T = Tempo	7 (pense melhor)	Trabalhar 5h/dia 5 dias por semana, disponho deste tempo.
OR = Obrigação de Recursos	4 (Aceitável)	Vou usar recursos guardados para isso, sem afetar minhas reservas de emergência.
R = Reflexos	1 (Topo da Torre)	A família adorou a ideia, a sócia é muito competente.
E = Energia	8 (Tenha cuidado)	Vai ser cansativo no início, mas adoro vender e me comunicar.

Observações extras/ possíveis melhorias:

T – é possível um acordo de revezamento?
OR – é possível fazer compras por demanda para reduzir custos de estoque?
R – Posso levar as crianças ao trabalho?
E – Fazer um treinamento na Torre Alta Finanças & Business para melhorar os resultados

Veja a continuação do exemplo referente à segunda parte do cálculo na próxima página.

Segunda Parte

Item	Pontuação	Observação

A = Adequação	4 (muito fraco)	Bíblias e lingeries combinam?
L = Labuta	7 (bom)	Gosto de trabalhar no comércio
T = Tornar maior/ transpor	6 (regular)	É possível Retorno de 70% sobre investimento.
A= Aprimorar/ Aperfeiçoar	9 (Topo da Torre)	Vou desenvolver habilidades que estou ansiosa para aprender
Observações extras/ possíveis melhorias: A= Substituir lingeries por livros de espiritualidade? L = fazer treinamentos de administração e vendas? T = negociar preço para aumentar a margem? A = Torre Alta Finanças & Business para melhorar os resultados		

Cálculo:

$$(t + or + r + e) - (a + l + t + a) \cdot (-1) = \therefore s \lor n$$
$$(7 + 4 + 1 + 8) - (4 + 7 + 6 + 9) = \therefore s \lor n$$
$$20 - 26 = -6 \cdot (-1)$$

(note que a primeira parte é menor que a segunda, ou seja, a contrapartida é menor que o retorno)

$6 =$ Preste atenção (vide tabela 3)

Parecer = Preste atenção

$\therefore$ Sim (com a ressalva de prestar atenção aos detalhes do negócio)

Pelo que vimos, novamente, o projeto possui vários pontos que precisam de melhorias. Os pontos de menor pontuação precisam ser revistos para que o projeto não tenha danos estruturais. Nesse caso, o quesito "Adequado" precisa ser revisto, pois pode afetar o resultado do negócio.

O teorema Torre Alta © já se mostrou revolucionário. Nunca foi possível reduzir a cálculo matemático decisões importantes da vida, pontos que devem ser observados, mas muitas vezes ignoramos.

Há uma planilha disponível para download gratuitamente, que fará de forma automática o cálculo e os pareceres, mas é muito importante que você continue a ler este livro, pois serão apresentados muitos conceitos, *hacks* e *mindsets* que vão revolucionar a sua tomada de decisão.

Acesse: http://esmelo.top/planilha-teorema

Área	Âmbito	Preencher Pontos	Parecer	Pontos de melhoraria
Contrapartida	T = Tempo	9	péssimo	ex. Dedicar menos tempo,
	R= Recurso	8	Tenha cuidado	.
Pontos	R= Reflexos	7	Pense melhor	.
29	E= Energia	5	Regular	.
				< a pontuação da contrapartida deverá ser menor do que o retorno >
Retorno	A = Adequado	9	excelente	.
	L = Labuta	8	muito bom	.
Pontos	T = Tornar Maior/Transpor	7	bom	ex. aumentar nível de comissionamento
30	A= Aprimorar/Aperfeiçoar	6	regular	.
Resultado da Soma		1	muito ruim	.

Suas anotações

Apesar de o cálculo ser inovador, afirmo com certeza que essa é apenas uma pequena parte de todo o livro, é apenas um dos músicos da orquestra, e que é o conjunto da banda que fará uma música revolucionária ou a sua vida extraordinária.

Hoje é possível ter uma vida melhor por reconhecer as decisões certas com base em um teorema simples se tiver a coragem para colocá-la em prática. O Teorema Torre Alta © leva em conta **partes de um processo que devem ser observadas em conjunto.**

Uso sempre para tocar negócios e decisões pessoais, e decidi compartilhar com todos. Nem todos os itens precisam ser seguidos, mas é importante que conheça esses termos antes de decidir quais adotar.

Perder tempo em aprender coisas que não interessam, priva-nos de descobrir coisas interessantes.

Carlos Drummond de Andrade

A PRIMEIRA PARTE DO TEOREMA

A primeira parte do teorema se refere à entrega ou contrapartida - o que você entregará de si a determinado projeto ou tarefa. A pontuação será maior conforme aumentam os seus esforços. Assim, se a entrega (tempo, energia, obrigações de recursos e reflexos negativos) forem poucas, a pontuação será baixa e aumentará proporcionalmente conforme verifica o aumento de esforços.

De nenhuma forma este livro apregoa aversão aos esforços, pelo contrário, eles são necessários a qualquer grande empreitada. O que se defende aqui é o esforço inteligente, focado em obter maior resultado, sem desperdícios de energia, tempo ou desgastes desnecessários.

Como dizem os adágios populares; uma pessoa inteligente resolve um problema, um sábio o previne, ou em outra versão, onde se diz que um homem inteligente sai de um buraco em que um homem sábio não cairia, este livro se presa ao uso da sabedoria para, não só levar um projeto ao topo, mas se manter nele quando lá chegar.

Justamente por usar princípios do essencialismo é que mantive este, bem como os demais livros de minha autoria, enxutos, reservado apenas ao que é importante. O que interessa é o resultado, não a erudição ou o prolixo.

Nos próximos capítulos serão detalhadas cada uma as partes do teorema acrescidas de explicações e aconselhamentos frutos de experiência pessoal e extensa pesquisa.

O tempo, ou, resumidamente "T", para os íntimos, é escasso, inelástico e insubstituível. Em qualquer função gerencial uma grande parte do tempo é perdida em coisas que muito pouco contribuem. Para quebrar esse ciclo é preciso observar dois itens:

Ladrões de tempo

Faça um registro do tempo, a forma utilizada não importa, mas deve ser feito no momento dos acontecimentos.

Na parte prática deste capítulo, haverá uma planilha que você poderá usar para identificar os ladrões de tempo que escapam no dia a dia.

Identifique e elimine as atividades que não dão resultado e são perda de tempo. Sempre que possível elimine pelo menos um quarto das demandas de seu tempo em coisas que ninguém perceberá.

Em seguida delegue as atividades importantes para quem faz tão bem ou ainda melhor que você. Desenvolva o que você já é bom, se torne especialista na sua área, foque suas habilidades e faça com que sua equipe foque na deles.

Também elimine ações que demandam tempo de sua equipe e que não contribuem para os resultados — foque no alvo e preste atenção à qualidade das informações que circulam, se perde muito tempo com informações desencontradas.

Reúna tarefas que podem ser realizadas em um mesmo espaço geográfico e de tempo (por exemplo, se precisar comprar algo, espere ter uma lista e faça tudo de uma vez).

Elimine desperdício: tarefas não importantes tomam tempo mesmo para quem é bom em realizá-las. Foque no que o trará para perto de seus objetivos.

Use o princípio de Paretto, a regra 80/20 que apregoa que, na maioria das situações, 20% do trabalho produz 80% dos resultados. O resto do trabalho tende a ter pouco resultado. Focar nas tarefas que causam impacto maior permitirá expandir ainda mais os resultados.

Pergunte-se:

Quais os 20% das atividades que resultam em 80% dos meus problemas?

Quais os 20% das atividades que resultam em 80% dos meus resultados?

Esse foco vale para tarefas e para o consumo de informações. O Princípio 80/20 pode ser aplicado tanto na vida profissional quanto na vida pessoal, ele pode levar a reflexões em todos os aspectos da vida para evidenciar as decisões importantes para que você trabalhe menos, ganhe mais e tenham mais tempo e energia.

Pesquisas apontam a existência de uma fadiga de decisão, expressão cunhada pelo Dr. Roy F. Baumeister. A fadiga de decisão causa esgotamento de energia. Zuckerberg e Obama, por exemplo, levam essa questão a sério a ponto de restringirem suas opções de roupas para focar em decisões mais relevantes para a vida.

Abandonei o hábito de assistir noticiários para evitar obesidade informacional, se algo for importante, as pessoas me contam sem eu precisar acompanhar nenhum informativo de notícia. Um consumo de informações assertivas evita a perda de foco.

O mesmo se aplica a e-mails, mensagens, telefonemas e reuniões. Há muito tempo desliguei as notificações e parei de checar atualizações fora dos horários estipulados. A mesma coisa vale também para o "rádio corredor" e assuntos desnecessários. Aquele velho "como você está?" É prontamente respondido com um "o que posso fazer por você?". É importante avisar as pessoas de que você está com pressa no início de qualquer conversa.

A riqueza hoje não é só do dinheiro, mas também vem do tempo e da mobilidade. Uma vida dos sonhos, quando se tem prioridades, muitas vezes é mais barata do que se pensa. Prioridades permitem criar oportunidades.

Tim ferris, em Trabalhe 4 horas por semana, utiliza o termo dealmaker, um framework que se baseia no acrônimo DEAL:

Definir: Ter objetivos claros e uma mentalidade realizadora no tempo presente;
Eliminar: ignore o que não importa, foque nos resultados com um menor esforço;
Automatizar: Ganhe tempo com ferramentas eletrônicas;
Liberar: liberdade geográfica.

Você sabe qual a relação entre seu tempo e seu dinheiro? Ainda segundo Tim Ferris, se você trabalha 4 horas por mês e ganha R$4000, você é duas vezes mais rico que o cara que trabalha 240 horas por mês e ganha R$120.000

Para poupar esforço é preciso saber o que gera os resultados e o que não gera. Nem todas as tarefas possuem o mesmo peso.

Então, foque nos mais importantes. Gerenciar o tempo é saber descartar. O inteligente soma, o sábio subtrai.

Um grande volume de informações cria, de fato, a escassez de atenção. Atenção molda a realidade pelas coisas nas quais prestamos atenção. É essencial, portanto, que escolhamos com cautela onde "gastamos" nossa atenção, para determinar o que queremos ver e ser.

Daniel Goleman, no livro Foco, sentencia que há distrações sensoriais e emocionais. Distrações sensoriais são fatores externos que estimulam nossos cérebros, e emocional ocorre quando, por exemplo, ouvimos nosso nome, ou temos problemas em nossas vidas. O foco diminui às turbulências emocionais de crises e mantêm suas vidas nos trilhos durante este momento.

Quando não estamos focados, nosso cérebro não faz novas conexões neurais, responsável pela aprendizagem, prejudicando assim a retenção do conhecimento.

O objetivo do seu cérebro, quando se defronta com um novo estímulo, é distribuir tarefas mentais com o menor esforço possível e ter o melhor resultado. Quando nós voltamos para nossos sentidos e focamos em percebê-los a todo o tempo, os ruídos e os circuitos mentais que te distraem, aquietam.

Para desenvolver foco precisa-se de força de vontade e isso se consegue com o que se ama, alinhado a sua voz interior. A força de vontade aumenta se seu trabalho reflete seus valores pessoais.

a) Registro de atividades no tempo:

Para registro de tarefas no tempo é necessário mãos à obra. É trabalhoso, mas muito recompensador. Abaixo há uma planilha em que você pode relacionar duas atividades a cada 15 minutos. É IMPRESSIONANTE o que se descobre ao analisar as atividades.

Uma pessoa que aplicou esse método descobriu que perdia quase 5 horas do seu dia com tarefas irrelevantes e inúteis. Vivia atarefado, sem tempo para nada, e mesmo assim não apresentava resultados. Parece familiar?

Não se sabote, faça os exercícios e comprove o resultado, marque o @esmelooficial nas redes sociais, vamos compartilhar essa ideia.

	Segunda	Terça	Quarta	Quinta	Sexta	Sábado
05:00						
05:15						
05:30						
05:45						
06:00						
06:15						
06:30						
06:45						
07:00						
07:15						

07:30						
07:45						
08:00						
08:15						
08:30						
08:45						
09:00						
09:15						
09:30						
09:45						
10:00						
10:15						
10:30						
10:45						
11:00						
11:15						
11:30						
11:45						
12:00						
12:15						
12:30						
12:45						
13:00						
13:15						
13:30						
13:45						
14:00						
14:15						
14:30						
14:45						
15:00						

15:15						
15:30						
15:45						
16:00						
16:15						
16:30						
16:45						
17:00						
17:15						
17:30						
17:45						
18:00						
18:15						
18:30						
18:45						
19:00						
19:15						

1 Atividades que posso eliminar:

2 Atividades que posso delegar:

3 Anotações, *insigts* e observações sobre a tarefa:

b) Calcule a pontuação do tempo de uma atividade ou projeto na prática

$$(\underline{T} + o\ r + r + e) - (a + L + t + a) = \cdot (-1) \therefore s \lor n$$

Aprenda e coloque em prática o Teorema Torre Alta©. Nessa primeira parte vamos dar uma pontuação ao tempo que determinado projeto usará.

Se você quer ter uma noção do todo para melhor compreender a parte, vá até o bloco "exemplo 1" e "exemplo 2" das considerações iniciais deste livro (sim, muitos não leram a primeira parte). Lá você verá como o cálculo acontece usando todo o conjunto das variáveis.

A pontuação atribuída é subjetiva de cada um, sendo que, no quesito tempo, quanto mais tempo requer, maior será a pontuação atribuída, pois maior será a sua contrapartida (lembre- se, na primeira parte, quanto maior, pior será).

A pontuação vai de zero a dez, sendo que zero será para ótimo e dez para péssimo, qualquer pontuação acima de 7 é preocupante, abaixo disso pode ser compensado com outras variáveis.

Exemplo:

O Projeto X consumirá 50 horas por semana, tempo que você gostaria de passar viajando ou com a família, logo a pontuação será alta (aqui vamos usar o exemplo de uma nota 7).

O Projeto Y consumirá 6 horas por semana, tempo que você disporia, logo a pontuação será baixa (aqui vamos usar exemplo de uma nota 3).

Agora, na próxima página, escolha um projeto que você quer fazer, ou um hipotético.

Item	Pontuação	Motivo da pontuação
T = Tempo		

Observações extras/ possíveis melhorias:

T –

Tua única obrigação em qualquer período da
vida consiste em ser fiel a ti mesmo.
Richard Bach

Obrigações Recursos, a fim de reduzir o tamanho do termo, no teorema, é apresentado como OR. Quais são as fontes de recursos para a minha empresa, projeto ou empreendimento? Muitas vezes ficamos encantados com nossas iniciativas, que esquecemos de alguns detalhes que farão a diferença na hora de tocarmos em frente.

Uma definição comum nas maiorias dos dicionários é que obrigação é o ato de obrigar-se e se submeter à imposição de si ou de outrem, se sujeitar a alguma coisa ou estar obrigado a uma ação ou omissão legal ou moral, pois, ao falar de obrigação, não falamos apenas das externas, mas também dos **compromissos de valores** que se tornam necessidade moral autoimposta ao assumirmos ou nos comprometermos a uma atividade.

Devemos checar recursos até mesmo para a prestação de serviços gratuitos e prática do trabalho voluntário. Esse traz a sensação de missão cumprida a quem o realiza e são atos em que a principal recompensa não é financeira, mas o bem-estar de quem pratica o trabalho e das pessoas ajudadas ou beneficiadas.

No entanto, até mesmo esses atos desprovidos de motivações egoísticas merecem ter um cuidado especial para não prejudicar a quem o faz. Para Adam Grant, os doadores ocupam tanto o topo quanto a base da torre do sucesso, os doadores altruístas, que se preocupam com os outros em detrimento dos seus próprios interesses, se prejudicam e acabam criando problemas para si e sua família, já os doadores alteristas, os que são mais cuidadosos que os altruístas, têm mais fôlego e o esgotamento os capacita a contribuir mais.

Antes de tirar uma ideia ou projeto do papel, se quisermos transformá-lo em algo grande, precisaremos fazer algumas checagens antes.

São cinco as principais opções para levantar recursos: Capital próprio; Capital familiares e amigos; Linhas de crédito bancário; Linhas de fomento e subvenção governamental.

Se você leu o livro Pai Rico, Pai Pobre, deve ter visto o termo OPM (Other People's Money), ou dinheiro de outras pessoas. Ao usar uma boa dívida ou um OPM, você pode aumentar o seu Retorno sobre o Investimento.

Mas levantar recursos não é algo que se aprende e se consegue da noite para o dia. Se você tem boa reputação e conhecimento na área que deseja atuar e um bom network as coisas ficam muito mais fáceis.

Capital próprio é o tipo mais comum e rápido de se investir (se você tem, é claro), não possui custos de financiamento e nem perda de autonomia de decisões, mas tem a desvantagem da limitação das perspectivas de crescimento, baseado no reinvestimento de lucros.

Capital de amigos e Familiares tem baixo custo e é baseado na confiança, por isso há a possibilidade de estragar relacionamentos caso algo de errado.

Linhas de Crédito possuem juros e exigência de garantias, as taxas muitas vezes elevadas. Você tem de estar muito certo do que deseja fazer, em qualquer um dos casos de investimento. Saber escolher certo e fazer acontecer do jeito certo pelos motivos certos fará toda a diferença.

Pontos de checagem

A viabilidade da ideia: o empreendedor deve estudar o mercado, identificar os futuros clientes e suas necessidades, conhecer os serviços e preços da concorrência.

Defina o capital inicial: a lucratividade nos primeiros meses será suficiente para compensar o investimento e os custos de manutenção até que comece a gerar lucro? Leve em consideração a aquisição de mercadorias e máquinas, gastos com a decoração e mantenha um capital de giro para as despesas dos primeiros meses.

Conheça os custos do negócio: gastos com salários e encargos trabalhistas, encargos tributários etc.

Separe finanças pessoais das da empresa: para evitar confusão, estabeleça um salário para os sócios baseado na lucratividade da empresa. Evite saques do caixa e pagamento de despesas da empresa usando valores da pessoa física.

Você está pronto para se tornar um líder? Além dos aspectos do seu novo negócio, não se pode negligenciar o fator humano. Tanto os empregados quanto os clientes são pessoas, então, nada mais justo que, além de entender do negócio, você entenda de pessoas.

Realize cursos de capacitação como administração, marketing e coaching empresarial. Você será o responsável pelos resultados para o bem ou para o mal. Lembre-se: toda decisão é um ato individual. Não se pode escapar dessa responsabilidade ao entregar a outras pessoas as decisões.

Na prática

Calcule a pontuação da Obrigação de Recursos de uma atividade ou projeto na prática.

$$(t\_ + \underline{OR} + r + e) - (a + L + t + a) = \cdot (-1) \therefore s \, V \, n$$

Lembro que a pontuação de todos os itens da primeira parte do teorema vão de zero a dez, sendo que zero será para ótimo e dez para péssimo, qualquer pontuação acima de 7 é preocupante, abaixo disso pode ser compensado com outras variáveis.

Exemplo:

O Projeto X consumirá todas as suas reservas financeiras e você ficará sem capital para emergências, logo a pontuação será alta (aqui vamos usar exemplo de uma nota 10).

O Projeto Y consumirá apenas capital destinado exclusivamente para o projeto, sem afetar negativamente outras áreas, logo a pontuação será baixa (aqui vamos usar exemplo de uma nota 2).

Agora, na próxima tabela, escolha um projeto que você queira fazer, ou um hipotético, para praticar.

Item	Pontuação	Motivo da pontuação

OR = Obrigação de Recursos		

Observações extras/ possíveis melhorias:

OR –

Minha vida, nossas vidas, formam um só
diamante.

Carlos Drummond de Andrade

REFLEXOS NEGATIVOS

A vida não é compartimentada, é uma eterna simbiose, uma associação e interdependência de áreas que se juntam e formam o que chamamos de vida, e o que chamamos de "partes" entra na "conta bancária emocional".

As partes devem andar em equilíbrio. Apesar de a vida não ser compartimentada, podemos criar uma seção para focarmos em determinados momentos. Trabalho é 100% trabalho e casa é 100% para sua família. Tenha claro para você, suas prioridades, uma vez que elas estão claras, fica muito mais fácil e confortável dizer não às coisas que te tiram do foco. Tenha-as em mente e siga na direção delas. Só assim você atingirá seu propósito.

Principalmente para mulheres, equilibrar vida pessoal e profissional tem se tornado cada vez mais complicado. Além da família e do trabalho, existem as tarefas do lar e diferentes círculos da vida que exigem tempo e, se descuidados, podem ocasionar perda de energia.

Equilíbrio se conquista com gerenciamento correto, que só ocorre quando há foco e prioridades. Encarar um projeto novo pode ocasionar reflexos negativos, se não conseguir harmonizar compromissos.

Você não consegue fazer tudo

Admitir que não se pode fazer tudo pode ser deprimente, mas poderá ser tremendamente fortalecedor. Uma coisa é certa: não há como fugir das distrações dos e-mails, mensagens e mídias sociais e os muitos outros que vão além das tecnologias digitais. Para superar tudo isso é fundamental encontrar o seu foco, evitar as distrações o tanto quanto possível, e fazer o trabalho que precisa ser feito.

Para isso, inicialmente, selecione e priorize tarefas mais importantes. Equilibrar vida pessoal e profissional começa quando se estabelecem prioridades. Tarefas insignificantes consomem muito do tempo e da energia de que dispomos, que poderiam ser empregados no que realmente importa.

Perfeccionismo é outro grande vilão, não se iluda, perfeccionismo não é elogio, ele pode tirar o foco e atrasar o que poderia ser feito rapidamente. Perfeccionismo com as pequenas coisas pode tirar o foco do que realmente importa; as tarefas que só você pode fazer que impactarão na sua vida.

Delegar funções, dividir tarefas no trabalho e em casa pode gerar tempo extra para focar no que dá resultado. Muito do tempo e energia de que dispomos são gastos com tarefas insignificantes no dia a dia, que poderiam ser deixadas de lado ou feitas rapidamente.

Algo fundamental muitas vezes desprezado é a reserva de tempo para si, importante para a qualidade de vida. isso afeta o desempenho e cria ciclo vicioso de frustração. Faça o que gosta, conheça a si mesmo, como você funciona.

Exercícios físicos também são importantes e envolvem muito mais do que estética, também reduzem o estresse, aumentam a sensação de bem-estar, aumentam a capacidade funcional, melhoram a qualidade do sono e o desempenho cognitivo.

Também faça cursos e treinamentos, a segurança que vem do saber aumenta a autoconfiança e a autoestima, além de melhorar os resultados, dedique-se ao aprimoramento pessoal - você é o recurso mais importante. Equilíbrio influencia positivamente. É mais fácil mudar e incorporar novos hábitos hoje do que amanhã. Faça acontecer.

Calcule a pontuação dos reflexos negativos de uma atividade ou projeto na prática.

$$(t\_ + \text{or} + \underline{R} + e) - (a + L + t + a) = \cdot (-1) \therefore s \, V \, n$$

Como ainda estamos na primeira parte do teorema, a pontuação de todos os itens vai de zero a dez, sendo que zero será para ótimo e dez para péssimo, qualquer pontuação acima de 7 é preocupante, abaixo disso pode ser compensado com outras variáveis.

Exemplo:

O Projeto X impactará negativamente na sua qualidade de vida, relacionamentos, saúde etc., a pontuação será alta (aqui vamos usar exemplo de uma nota 9).

Já o Projeto Y não ocasionará impactos negativos, logo a pontuação será baixa (aqui vamos usar exemplo de uma nota 1).

Na próxima tabela, escolha um projeto que você queira fazer, ou um hipotético, para praticar.

Item	Pontuação	Motivo da pontuação
R = Reflexos negativos		

Observações extras/ possíveis melhorias:

R –

Em si, a vida é neutra. Nós a fazemos bela,
nós a fazemos feia; a vida é a energia que
trazemos a ela.

Osho

ENERGIA

Como vimos, aqui deveremos saber o quanto de vitalidade será necessária para o projeto, eventuais cansaços e esgotamentos, impactos na saúde, todos pontos importantes que devem ser observados.

Nossa energia é um recurso esgotável, mesmo sendo renovável. O sucesso ou fracasso em alguma área, afeta outras. Expressões como exaustão Síndrome de Burnout, Erro Fundamental de Atribuição, Transtorno de Personalidade Limítrofe, Síndrome de Hiperatividade, Transtorno do Déficit de Atenção e depressão, têm se tornado comuns.

Esse tem sido o cenário patológico do século XXI do ponto de vista patológico, nossas patologias não são mais virais ou bacteriológicas, mas neuronais.

Burnout é um estado de estresse crônico que leva à exaustão física e emocional, com sentimento de falta de realização pessoal. Burnout e exaustão emocional são situações que demonstram a importância de investigar as relações entre o indivíduo e o seu ambiente de trabalho.

Erro fundamental de atribuição é um conceito da psicologia social que descreve a tendência de superestimar as características na obtenção de determinado resultado, e ignorar características do contexto. Muitos têm reduzido a vida à busca contínua por melhor performance, imersos em contextos de ferrenha competitividade. No meio do caminho, perdem-se de si mesmos.

Não é errado a busca por eficácia e eficiência, o problema está na busca a qualquer custo, negligenciando áreas importantes da vida e do descanso restaurador, cada vez mais distante, o que, com o tempo, pode ocasionar o cansaço crônico e a incapacidade de fazer qualquer coisa.

Assim, um bom gestor de energia encontra maneiras de reduzir tarefas ao que é necessário. Excesso de tarefas e de decisões podem ocasionar, como vimos, em fadiga e em estresse. O estresse é ruim quando não se é capaz de processá-lo. Estresse mal administrado gera danos a longo prazo ao seu corpo.

O estresse é uma causa e fator de agravamento de muitos problemas emocionais ligados ao trabalho. Processamos nossas emoções e trabalhamos com elas. A fadiga pode ocasionar uma espécie de paralisia emocional, as emoções passam a ser ignoradas pela mente.

As duas energias

Seres humanos possuem 2 tipos de energia, a que provém do alimento e a que provém da alma.

Um cardápio equilibrado traz diversos benefícios. O nosso corpo precisa de vitaminas e minerais para funcionar perfeitamente. Se alimentar de forma saudável e equilibrada é essencial para garantir qualidade de vida. Assim é possível prevenir e combater doenças, manter o peso corporal adequado, ter energia e bem-estar, além de o organismo ter um bom desempenho físico e mental.

A fé e a esperança são alimentos da nossa alma. A fé vai além do sentimento ou certeza; é experiência. Da mesma forma que alimentos ruins podem gerar pessoas desnutridas, a falta de fé pode gerar pessoas desmotivadas.

O eu pós-moderno tem se alienado e perdido seu pertencimento e sua natureza. A perda da fé de hoje vai além da crença religiosa ou a Deus, hoje ela alcança à realidade em si - a vida e o mundo têm se tornado transitórios, sem subsistência e sem duração. Inquietações, inseguranças e nervosismos surgem ante a ausência de identidade. Somos seres e precisamos preencher os espaços vazios.

É importante checar seus níveis de energia e onde está sendo usada. Ladrões de energia são assim chamados porque, como o ladrão comum, normalmente agem quando não percebemos. Prestar atenção aos detalhes do nosso dia pode revelar esses larápios, e a partir de sua eliminação teremos desempenho muito superior.

Uma ótima forma de checar a forma que sua energia está sendo gasta é usando o exercício "a" do capítulo sobre o tempo, registrar suas atividades a cada 15 minutos, e depois analisar o que pode ser eliminado ou delegado.

A superioridade de qualquer método não vencerá o caos que se instaurará na sua vida se você não assumir a responsabilidade e comprometer-se a realizar o que deve ser feito.

Produtividade e disciplina caminham juntas. Faça uma autocrítica sobre seus hábitos, e utilize as orientações deste livro para ajustá-lo as suas necessidades. Analise como você está se abastecendo, a qualidade de energias, como está se alimentando, desancando, quais são os seus pensamentos recorrentes, são positivos? Você está mantendo o foco e a motivação? Isso ajudará a impedir a instalação de estresse e consigo o coquetel químico prejudicial ao organismo.

Também meça onde sua energia está sendo gasta. Energia é uma via de mão dupla, você abastece e você gasta, a falha em qualquer parte do processo afetará diretamente o resultado.

Na Prática:

Calculando o fator Energia

$$(t + or + r + E) - (a+L+t+a) = \cdot (-1) \therefore s \vee n$$

A esta altura, espero ter mostrado a importância da energia, assim como um carro que com gasolina ruim terá seu desempenho e vida útil afetados, nós também temos nossas necessidades e fragilidades.

Agora vamos calcular na prática o fator, seguindo os costumeiros exemplos.

O Projeto X causará muita fadiga mental e emocional, logo a pontuação será alta (aqui vamos usar exemplo de uma nota 10).

O Projeto Y consumirá energia normal, sem grandes incidências ou demandas, logo a pontuação será baixa (aqui vamos usar exemplo de uma nota 2).

Na próxima tabela, escolha um projeto que você queira fazer, ou um hipotético, para praticar.

Item	Pontuação	Motivo da pontuação
E = Energia		

Observações extras/ possíveis melhorias:

E –

O momento é sempre adequado para fazer o
certo!

Martin Luther King

SEGUNDA PARTE DO TEOREMA

A soma de todos os itens anteriores terá de ser menor do que a segunda parte da equação para se mostrar equilibrado. Se a primeira parte foi maior que a segunda, significa que a entrega está sendo maior que a recompensa, um forte indício de que algo está errado.

O que será analisado vai muito além do conceito e relação de custo/benefício, o indicador que relaciona os benefícios de uma proposta, que, tanto os benefícios como os custos são expressos em dinheiro.

Recompensa é reconhecimento e retorno por conseguir algo e o ideal é que ela seja proporcional ou maior que seu esforço. Quando se faz uma atividade laborativa ou assume o risco de algum negócio, normalmente se faz para obter recompensas, sejam financeiras (salário ou lucros) ou sociais (bem-estar de quem pratica o trabalho e das pessoas beneficiadas).

A recompensa pelo trabalho deve vir não apenas pelo que ele paga, mas também por aquilo em que ele nos transforma e transforma no mundo. E para isso devemos ter claros nossos objetivos, motivações e finalidades. É isso que pretendemos fazer na segunda parte da equação. Vamos começar?

ADEQUADO

Exame de adequação envolve diversos aspetos pessoais e sociais. No plano pessoal deve-se certificar se o projeto é adequado ao seu estágio atual e compatível com seu estilo de vida, se é bom para você e para sua família e se é moral e ético.

De nada adianta investir em tâmaras, quando as tamareiras levavam de oitenta a cem anos para produzirem os primeiros frutos, se quer ter retorno rápido. Ou ainda investir em um negócio que vai exigir sua presença física quando você quer viajar muito.

O mesmo vale se você está no estágio em que quer curtir a família e o netos, mas o projeto vai exigir que fique temporadas afastado deles. Ou se o projeto fere seus preceitos morais, éticos ou religiosos.

Se o projeto sobreviver a esse primeiro crivo podemos ir adiante e verificar a viabilidade do negócio. Em Obrigação Recursos você analisou o investimento, aqui você analisa os possíveis retornos e riscos.

Dependendo da complexidade do projeto, é adequado que você recorra ao aconselhamento de profissionais como contadores, advogados, ou profissionais que já atuam na área de seu interesse.

Friso a importância de procurar profissionais qualificados. Muitas vezes amigos e familiares se veem tentados a dar opinião, mas se eles não têm expertises e resultados naquela área, procure quem tenha.

Caso o retorno que você procura for lucro financeiro, é importante saber que existem dois tipos de lucro: o bom e o ruim. O bom está relacionado à experiência positiva do cliente, quando ele sente que o valor pago foi justo, o benefício adquirido foi real. Já o lucro ruim é quando o cliente sente que talvez tenha pagado caro, que não foi bem atendido, ou que não teve uma boa experiência.

O luro bom gera novas vendas e boa reputação para você ou para a empresa. No lucro ruim o cliente sente-se lesado, muitas vezes o vendedor "enfia" o produto para bater uma meta e o cliente se sente usado.

Uma marca não é formada por slogan bonito repetido à exaustão, é formada gradualmente, pessoa a pessoa, dia a dia. Qualquer empreendimento terá bom conceito se a construção sistemática for de consumidores satisfeitos, respeitados como seres humanos, que têm suas expectativas superadas.

Idealismo e lucro precisam andar juntos - o equilíbrio entre o lucro e uma boa imagem abre o caminho para a construção de marca saudável. Propaganda enganosa é prejudicial, ela deve refletir qualidades reais, a imagem, o discurso e a ação devem sempre fazer sentido entre si.

Marcas e pessoas revelam ao mundo de onde elas vêm. Se você estiver a frente de um trabalho é importante que tome as decisões corretas, pois ao escolher você será responsável pelo resultado. Se não escolher também.

Visite nossa cozinha, nossa fábrica, nosso site. Nada a esconder, tudo a orgulhar-se, isso que faz marcas reais. Se o que você propõe é verdadeiro pode ser perfeitamente comprovada a qualquer tempo. Maquiar a verdade para ter lucro é uma estratégia burra. Ética e lucro devem andar muito bem juntas.

Não se abandona a moral depois do erro, mas antes, quando se opta por errar. A ética é o Norte, se orientando por ela você conduz com segurança. Engana-se que julga a ética inadequada aos dilemas práticos da luta por seu lugar no mercado.

Grandes escândalos, quando se tornam públicos, são proporcionais à quantidade de pequenos escândalos que os precedem. Não se pode negligenciar a história apenas para fechar a meta da semana. Toda empresa e pessoa se tornam prisioneiras da imagem que o tempo lhes dá, então use o tempo a seu favor. urgências passam, mas a história é irreversível. Seres humanos precisam de tempo para criar elos sólidos de confiança. Pode se demorar anos para construir um conceito, e apenas um segundo para destruí-lo. Toda ação intempestiva traz consigo a mentira e o efeito contrário do que se busca.

Mentiras nos enfraquecem. O que escondemos suga nossas energias. Reconhecimento exige verdade sobre o que somos, inclusive nossas fragilidades. Mentiras em nada ajudam.

Moral é dever e direito, desvios comportamentais são punidos com o tempo, inadequações cobram o preço cedo ou tarde. É hora de responder; seu projeto é adequado ao seu estágio de vida, e compatível com seu estilo? É moral e ético? É bom para você e para sua família?

Calcule a pontuação da adequação de uma atividade ou projeto na prática.

$$(t + or + r + e) - (\underline{A} + l + t + a) = \cdot (-1) \therefore s \vee n$$

Aqui na segunda parte do teorema, quanto mais adequada foram as situações, maior será a pontuação e, portanto, melhor será.

Exemplo:

O Projeto X não beneficia a mim nem a minha família, pois terei de ficar longos períodos longe, apesar de o retorno financeiro ser bom. Logo a pontuação será baixa (aqui vamos usar exemplo de uma nota de 3).

O Projeto Y vai beneficiar muitas pessoas, tem bom retorno financeiro, está de acordo com minhas convicções e é moral e ético, logo a pontuação será alta (aqui vamos usar exemplo de uma nota 9).

Agora, na próxima tabela, escolha um projeto que você queira fazer, ou um hipotético, para praticar.

Item	Pontuação	Motivo da pontuação
A = Adequado		
Observações extras/ possíveis melhorias: A –		

Decidir em que não trabalhar é tão importante
quanto se decidir em que trabalhar.

Steve Jobs

LABUTA

A realização de um sonho não vem pela magia, mas pelo trabalho. É o prazer no trabalho que cria resultados brilhantes. O termo labuta significa o trabalho árduo, no entanto, aqui não será observada a contrapartida que você dará, como feita nos itens Energia e Tempo, mas o retorno e a realização que o próprio trabalho proporcionará.

Este projeto contribuirá para uma autoimagem positiva? vai manter a chama de seus sonhos acesa? Vai proporcionar atitude mental positiva diante dos fracassos e derrotas inevitáveis da vida? Ainda, você deseja trabalhar com todas as pessoas envolvidas no projeto?

Os ciclos econômicos estão acelerados, surgem muitas oportunidades especialmente se você tem um propósito bem definido e uma estratégia de ação. No entanto, estratégia de verdade é capacidade de execução.

Para vencer, escolha uma direção e execute, mais do que pensar sobre a estratégia. Se você tem vantagem competitiva ecológica será na execução que você vencerá. Monte a estratégia, forme um time de generais, execute e melhore. A ação te levará ao objetivo, não a teoria em si.

O fator humano é tudo. Trabalhamos com pessoas e para pessoas e todos possuem percepções emocionais e precisam que as coisas façam sentido, que as promessas sejam coerentes e não apenas publicidade. Uma marca forte não existe onde não há pessoas interessadas em mantê-la.

O fator humano

Há relacionamentos, aliados e amizades mais significativas e que contribuem mais do que outras e devemos identificá-las para nutrir ainda mais e fortalecer os vínculos mais ricos.

O general alemão Von Manstein classificava seus oficiais em:

1. Preguiçosos e estúpidos (deixados em paz, pois não incomodam ninguém);
2. Esforçados e inteligentes (reconhecidos por cuidarem dos detalhes);
3. Esforçados e estúpidos (demitidos rapidamente, pois criavam trabalho irrelevante e inútil para todos);
4. Preguiçosos e inteligentes (ocupar os cargos mais altos).

Se você quiser manter uma boa rede de aliados, com trocas de auxílios genuínos preste atenção para suas características individuais. Todos devem gostar de desfrutar o tempo uns com os outros, por isso invista na qualidade e tempo que passa com seus amigos, com respeito, e com um lado sempre impressionado com o desempenho do outro.

Você não precisa de resultados para ter aliados, mas precisa de uma causa que todos compartilhem. Compartilhar experiências gera conexão, passar por problemas difíceis juntos gera conexão profunda, para isso, esteja atento para o que você pode oferecer a outra parte, não espere que peçam.

Seja sempre honesto, para isso é preciso autoconhecimento e saber ouvir. Em tempos de surdez, ouvir é uma característica ímpar, isso é empatia emocional. Saiba capturar a atenção e dê significado aos direcionamentos, os melhores não trabalham só pelo dinheiro, trabalham por propósito.

Reúna seu time periodicamente e, de forma franca, converse sobre as dinâmicas da equipe para que todos entendam e escolham as mudanças que serão implementadas. Faça isso de forma meritocrática baseada na verdade e transparência. Meritocracia é muito melhor que democracia para tomada de decisões.

Calcule a pontuação da adequação de uma atividade ou projeto na prática.

$$(t\_ + \text{or} + r + e) - (a + \underline{L} + t + a) \cdot (-1) = \therefore s \lor n$$

Lembro que, aqui na segunda parte do teorema, quanto melhores forem as situações, maior será a pontuação.

Exemplo:

No Projeto X a qualidade das relações é tóxica, pessoas despreparadas, não há motivação e crescimento pessoal, logo a pontuação será baixa (aqui vamos usar exemplo de uma nota 1).

O Projeto Y te dará boas experiências, contribuirá para uma autoimagem positiva e vai manter a chama de seus sonhos acesa. Logo, a pontuação será alta (aqui vamos usar o exemplo de uma nota 10).

Agora, na próxima tabela, escolha um projeto que você queira fazer, ou um hipotético, para praticar.

Item	Pontuação	Motivo da pontuação
A = Adequado		

Observações extras/ possíveis melhorias:

A –

Pessoas nascem em um pequeno berço, aves em
um pequeno ovo.
Se algum deles acreditar que esse é seu destino e
seu limite final não viverá a vida.
Viver é nascer limitado e morrer sem limites.

TORNAR MAIOR e/ou TRANSPOR

A letra T do teorema se refere ao retorno do investimento em dinheiro ou em patrimônio. O dinheiro sempre será resultado de algo bem feito, e para isso é preciso que o empreendimento observe a cultura, a redução de custos e o aumento de vendas.

A equipe precisa enxergar a importância desses pontos e estar motivada a ajudar a empresa a alcançar seus objetivos. É recomendável trabalhar em ambiente meritocrático, reconhecer os melhores e os que se esforçam mais pelo objetivo coletivo. Sempre comunique claramente o que você espera de cada membro da equipe.

Por vezes o resultado da iniciativa não resulta, em um primeiro momento, em dinheiro, mas serve para transpor para outro nível através de relacionamentos, negócios futuros ou outros trabalhos escaláveis.

Nem todo resultado é imediato

O network é parte importante em qualquer sociedade. Até mesmo os laços com pessoas menos íntimas, interações casuais sem aprofundamento ou sem ligações estreitas, são de grande impacto, positivo ou negativamente.

O sociólogo Mark Granovetter chama de laços fortes os relacionamentos mais estáveis como com familiares e amigos mais chegados, e aponta como exemplo a busca de um novo emprego, onde a pesquisa verificou que os laços sociais fracos oferecem melhor fluxo de informações. Enquanto laços fortes criam relações mais estáveis, em contraponto, tendem a fazer circular apenas informações já conhecidas.

Laços sociais fracos permitem interações mais dinâmicas e em maior número com outros círculos sociais, são os amigos de amigos que facilitam encontrar um novo emprego, comprar ou vender uma casa, carro etc.

É importante manter e nutrir ampla rede de relações sociais para melhor desenvolver projetos e conquistar objetivos. Assim, um empreendimento ou projeto, se for te conectar com pessoas que te farão crescer, se desenvolver e entrar em círculos sociais e de negócios diferentes, pode ser um ótimo empreendimento, mesmo que o retorno financeiro seja pequeno no início.

Na prática

Calcule a pontuação da Tornar maior e/ou Transpor de uma atividade ou projeto.

$$(t_- + \text{or} + r + e) - (a + l + T + a) = \cdot (-l) \therefore s \vee n$$

Como de costume, lembro que a pontuação destes itens da segunda parte, vão de zero a dez, sendo que dez será para ótimo e zero para péssimo, qualquer pontuação abaixo de 3 é preocupante, acima disso pode ser compensado.

Exemplo:

O Projeto X tem uma margem de lucro de 10% e muita volatilidade além de possuir as maiores taxas de imposto. Não apresenta possibilidade de network nem é escalável (aqui vamos usar exemplo de uma nota baixa, 2).

O Projeto Y não tem grande lucratividade, mas fica em um ambiente de coworking com grandes players do mercado. Apresenta ótima possibilidade de network (aqui vamos usar exemplo de uma nota mais alta, 8).

Agora, na próxima tabela, escolha um projeto que você queira fazer, ou um hipotético, para praticar.

Item	Pontuação	Motivo da pontuação

T = Tornar maior e/ou Transpor		

Observações extras/ possíveis melhorias:

T –

O conformista é inerte e mentalmente preguiçoso. Não exerce suas escolhas por medo de assumir os riscos.

Augusto Cury

APRIMORAR e APERFEIÇOAR

O projeto vai permitir que você desenvolva habilidades novas ou aperfeiçoe habilidades antigas? O trabalho pode ser uma grande possibilidade de aprimorar habilidades que você queira ter ou desenvolver, colocar um pouco de sua alma no jogo e arriscar a própria pele é uma ótima maneira de criar habilidades.

Até um pouco de estresse controlado pode ser algo bom, se ele te tira da zona de conforto e te provocar para crescer e se desenvolver, essa é a oportunidade certa de encarar um "estresse bom" ao invés de evitá-lo.

No entanto, para não gastar energia e tempo atoa defina seus objetivos, diagnostique e chegue na raiz dos problemas, defina mecanismos de como solucioná-los, execute as soluções propostas.

O topo da torre da excelência é onde as pessoas que não se contentam com o medíocre desejam atingir. Mas quais as melhores maneiras de alcançá-la? Há alguma fórmula para chegar ao sucesso? Na verdade, o segredo é que não há segredo: estudo, prática e disciplina possibilitam que você chegue a esse patamar, quando chegar, você verá que a vista é diferente de cima.

Colocar a mão na massa e 'arregaçar as mangas' é a melhor maneira de aprender a lidar com a realidade de maneira efetiva. Algumas derrotas virão, não há como evitar algumas dores, principalmente se você tiver objetivos ambiciosos.

As derrotas que acontecerão durante sua jornada funcionarão como teste de resistência que permitirão sua evolução pessoal. É na subida que a canela engrossa, e deve engrossar, caso contrário, suas falhas te tirarão da escalada ou, se chegar ao topo, não se manterá por muito tempo.

Esqueça o "sempre foi assim", busque maneiras inovadoras de fazer seja lá o que for fazer. É pela atenção que descobrimos oportunidades. Preste atenção aos problemas e seja criativo. Não tenha medo de arriscar. Mas não espere, porque a inovação não espera, ela acontecerá com ou sem você

Uma vez que a jornada começa, exceda as expectativas das pessoas, todos amam ser surpreendidos positivamente. Prometa pouco, entregue muito. Execute com maestria e seja otimista. Envolva as pessoas nos projetos, ouça e peça ajuda, facilite os processos. Tome iniciativa, comece algo novo, faça o que outro deixa de lado por falta de tempo.

A escalada da torre

Há muitas responsabilidades que se enquadram no tipo "devem ser feitas", que acompanham o fato de se ganhar um salário, ou de ser pai, amigo, filho etc. Objetivos também são acompanhados de diversas responsabilidades.

Tarefas do tipo "tem de ser feitas" podem preencher todo o seu dia. Sempre haverá coisas a serem cuidadas, feitas, acompanhadas, consertadas etc., com variadas gradações de urgência, você terá de concluir algumas delas. algumas dependem de prazos finais, outras apresentam mais flexibilidade. Mas elas povoam nossos dias.

Mas a urgência não dá resultados, ela é uma péssima conselheira quando se trata de objetivos grandes, não é um bom critério para embasar decisões. Por isso devemos priorizar nossas tarefas para beneficiar as que trarão mais resultados. É impossível delegar seus sonhos ou metas para terceiros, então você precisa priorizar o que é importante, ou elas nunca acontecerão.

Equilibrar é realizar as tarefas de rotina e algo a mais fazendo a vida avançar a cada dia. Os resultados devem justificar nossos esforços, atarefar-se somente para garantir a manutenção da vida da forma que está poderá criar sensação de esgotamento.

Esforços focados em ganhos e resultados significativos, avançando na direção de aprimoramento consistente e consciência de estar em progresso, justifica a energia gasta e, logo, valerá à pena.

Objetivos são distintos de cada indivíduo, não há organização que consiga oferecer um equilíbrio adequado entre vida pessoal e trabalho. Mais tempo livre e melhores bonificações não propiciarão equilíbrio se você não usar essas vantagens na melhoria de sua vida, tenha em mente seus objetivos e trabalhe pensando neles.

Se seus pensamentos girarem em torno dos seus propósitos, você utilizará os recursos disponíveis para melhorar em todos os aspetos da sua vida, e em vez de se sentir confortável em zonas de conforto, a sensação da vida em movimento criará o equilíbrio desejado e afastará a negatividade e esgotamento que a sensação de não sair do lugar cria.

Na prática

Calcule a pontuação da Obrigação de Recursos de uma atividade ou projeto na prática.

$$(t\_ + \text{or} + r + e) - (a + L + t + A) = \cdot\,(-1) \therefore s\,V\,n$$

Lembro que a pontuação de todos os itens da segunda parte do teorema vão de zero a dez, sendo que zero será para péssimo e dez para topo da torre, qualquer pontuação abaixo de 3 é preocupante, acima compensado.

Exemplo:

O Projeto X possibilitará você desenvolver habilidades que deseja há muito tempo, logo a pontuação será alta (aqui vamos usar exemplo de uma nota 10).

O Projeto Y é um novo emprego, onde você utilizará as habilidades que aprendeu no emprego anterior, habilidades das quais você está cansado e gostaria de aprender coisas novas e mudar de área, logo a pontuação será baixa (aqui vamos usar exemplo de uma nota 2).

Agora, na próxima tabela, escolha um projeto que você queira fazer, ou um hipotético, para praticar.

Item	Pontuação	Motivo da pontuação
A = Aprimorar e Aperfeiçoar		

Observações extras/ possíveis melhorias:

A –

Considerações finais

Dinheiro afeta lazer, que afeta relacionamento, que afeta saúde. Saúde afeta trabalho, que afeta dinheiro, que afeta ... bem, você entendeu. A vida é integral. Tudo está interligado. Um afeta o outro, todos devem andar em equilíbrio.

Durante cinco anos analisei informações e fluxos de processos de decisões, e procurei descrever esse processo detalhadamente para que qualquer pessoa consiga fazer com tranquilidade o desafio de tomar todas as decisões corretas de maneira sistêmica e replicável, além de ser capaz de descrever o processo claramente para que alguém faça o mesmo em circunstâncias iguais.

Recorri à experiência pessoal e a muitos escritos sobre administração, liderança e gestão de tempo e de processos para criar princípios claros que possibilitassem agir de forma correta em situações exigentes, tendo postura positiva até quando se está na corda bamba.

Escrever este livro foi a maneira que encontrei para ajudar outras pessoas a alcançarem a felicidade em suas escolhas pessoais e profissionais. Cada indivíduo é diferente, então o teorema é passível de adaptação, de acordo com culturas, hábitos e necessidades. Por isso, é importante que você os conheça para que possa traçar sua jornada rumo ao sucesso.

Quem não escolhe está sempre errado, nunca se ganha tudo, escolhas envolvem ganhos e perdas. Escolher é eliminar, e a antecipação da perda, muitas vezes, nos leva a fugir da decisão. Quando a dúvida envolve muitas alternativas, o sofrimento aumenta, e em situação novas o processo decisório é ainda mais difícil.

Para que uma atividade se torne fácil ela deve entrar no "piloto automático", ou seja, integrar a sua rotina. Para isso, agende: Cada uma das tarefas de escalada presentes na sua agenda o deixará mais perto dos resultados que gerarão progressos, então, crie hábitos de planejamento.

Gosto muito das agendas virtuais, que permitem avisos sonoros, enviar convites para outras pessoas para participar de atividades. Quando quero criar um hábito costumo agendar os detalhes e seguir a programação como se o "chefe" estivesse ordenando. É ideal que se crie a programação pelo menos um dia antes, para evitar que acontecimentos do dia mudem as intenções do plano. Depois de agendado, execute.

Quando o hábito já estiver estabelecido, você não precisará mais se esforçar para encontrar a disciplina necessária para fazer o que deve. O tempo varia de indivíduo para indivíduo e da complexidade da tarefa, mas é recompensador.

No final, tanto as decisões que você toma, como a forma com que você reage às consequências que elas geram, determinam quem você é. O resultado de suas escolhas será importante, mas o que você fara com elas será decisivo. A maioria dos resultados não são definitivos, e são passiveis de mudança de rumos. Administre bem as suas responsabilidades, torne os resultados ainda melhores, não piores do que antes.

As tarefas de ganho diferenciam indivíduos e fazem os esforços terem significado e satisfação, dando o fôlego necessário para sempre prosseguir diante de qualquer resultado não nos esquecendo da gratidão, afinal, não há perda quando optamos por crescer; ou vencemos, ou aprendemos.

Você não conecta os pontos olhando para
frente; você conecta os pontos quando olha
para trás. Então, você precisa confiar que os
pontos vão de alguma forma se conectar no
futuro.

Steve Jobs

MÃOS À OBRA

Agora você tem ferramentas para enfrentar aquele frio no estômago frente a uma decisão. Até mesmo os grandes líderes sofrem por vezes com isso, mas enfrentam porque tem definição clara do que querem alcançar, um fator crucial para o sucesso. A clareza do "o que" aponta a clareza do "como", e crescerá com um propósito e resultados surpreendentes. Mas, nem sempre essa clareza surge de forma que fique fácil vê-la. Nunca vão encontrar a melhor resposta se não partirem para a ação e praticarem o que faz mais sentido no momento.

A clareza e a ação andam juntas. Se você está no início de uma montanha, você analisa o mapa, provisões, e se pergunta qual o melhor caminho. Nenhum de nós realmente sabe o que vai acontecer até darmos os primeiros passos, mas quando nos movemos, tudo vai ganhando forma e as coisas começam a se encaixar e a ficar mais claras. Para ter sucesso devemos caminhar para o desconhecido.

Quando há esta trava na indecisão, você está sob o risco do maior matador de clareza de todos os tempos: a paralisia por análise, pensar e repensar e não sair do lugar. Normalmente fazemos isso por medo e insegurança, e quanto mais refletimos, mais duvidamos que estejamos tomando a decisão correta. Atrasamos nossos resultados e, ao não vermos resultados, duvidamos ainda mais de nós mesmos, aumentando a dificuldade em dar o próximo passo, instalando-se assim o vicioso ciclo de paralisia.

Refletir é um hábito essencial, mas é da decisão e da ação que vêm os resultados. Então, pergunte-se qual opção te deixa mais perto dos objetivos da missão, e a escolha será fácil. Estipule um limite de tempo para decidir em vez de deixar a mente vagando repleta de distrações. Com a pressão do tempo, você terá de ir direto ao cerne da questão.

A maioria das decisões são parecidas com cenários já vividos. Identifique padrões e use isso para aumentar a velocidade das tomadas de decisões. Não existem estratégias certas e erradas, existem estratégias que funcionam e que não funcionam.

Tenha cuidado com o perfeccionismo. Perfeccionistas custam dinheiro para empresas, pois tornam os processos demorados, projetos atrasam para sair do papel, ele demora na tomada de decisões. Perfeccionismo não existe, é um nome bonito para medo e insegurança, "feito é melhor do que perfeito".

Pergunte-se qual o menor próximo passo que eu poderia dar? Em seguida, apenas faça. Com pequenos passos de forma consistente, você somará grandes conquistas. Antes da excelência vem a consistência.

Nunca estamos realmente parados, sempre nos movemos, se não para frente será para trás. Se você não está fazendo seus testes e aprendendo com seus erros, outros estão e te superarão facilmente.

Se você está preso perseguindo informações e clareza, ou está indeciso, pergunte-se qual é o pequeno teste que pode fazer hoje para entrar em movimento. Lembre-se da Primeira Lei de Newton, "um corpo em repouso tende a permanecer em estado de repouso e um corpo em movimento tende a permanecer em movimento".

Deixe seu comentário nas redes sociais, marque @esmelooficial, conte-me qual será o seu teste.

Bibliografia

Caetano, Gustavo. **Pense simples**: Você só precisa dar o primeiro passo para ter um negócio ágil e inovador. Gente, 2017.

Dalio, Ray. **Princípios**. Intrínseca, 2018.

Druker, Peeter. **O Gestor Eficaz**, LTC, 1990.

Ferris, **Tim. Trabalhe 4 horas por semana**. Planeta, 2017.

Fifer, Bob. **Dobre seus lucros**. Harper Collins.2017.

Goleman, Daniel. **Foco**. Objetiva, 2014.

Grant, Adam. **Dar e receber.** Editora Sextante, 2014.

Heath, Chip. Heath, Dan. **Decisive**: How to Make Better Choices in Life and Work. Currency, 2013.

Klaric, Jurgen. **Estamos cegos**. Planeta, 2012.

Kubler-Ross, Elisabeth. Sobre a morte e o morrer. WMF Martins Fontes, 2017.

Mcclatchy, Steve. **O poder da decisão**. Cultrix. 2008.

Nagoski, Emily. Nagoski, Amelia. **Burnout**. BestSeller, 2020.

Solar, Suryavan. **As 4 Chaves para a Realização Ilimitada**. Gente. 2018.

Taleb, Nessim. **Arriscando a própria pele**. Objetiva. 2018.

Welch, Suzy. **10-10-10**: Hoje, Amanhã e Depois. Ediouro, 2009.

Tabelas de análise de projetos

Nome do Projeto:

Primeira Parte

Item	Pontuação	Motivo da pontuação
T = Tempo		
OR = Obrigação de Recursos		
R = Reflexos		
E = Energia		
Observações extras/ possíveis melhorias: T – OR - R – E –		

Segunda Parte

Item	Pontuação	Observação
A = Adequação		
L = Labuta		
T = Tornar maior/ transpor		
A= Aprimorar/ Aperfeiçoar		
Observações extras/ possíveis melhorias: A= L = T = A =		

Cálculo:

$$(\ t + or + \ r + e \ ) - (a + l + t + a) = \cdot (\text{-}1) \therefore s$$
$$\text{V n}$$

$$(\_\_ + \_ + \_ + \_\_) - (\_\_ + \_\_ + \_\_ + \_\_) = \cdot (\text{-}1) \therefore s$$
$$\text{V n}$$

$$\underline{\hspace{4cm}} - \underline{\hspace{4cm}} = \underline{\hspace{2cm}} \cdot$$
(-1)

A primeira pontuação é menor que a segunda? _______________

Resultado da soma da _________________

Parecer = ___________________ (vide tabela 3)

∴ ____ (com a ressalva _________________________________)

Nome do Projeto:

Primeira Parte

Item	Pontuação	Motivo da pontuação
T = Tempo		
OR = Obrigação de Recursos		
R = Reflexos		
E = Energia		

Observações extras/ possíveis melhorias:

T –

OR -

R –

E –

Segunda Parte

Item	Pontuação	Observação
A = Adequação		
L = Labuta		
T = Tornar maior/ transpor		
A= Aprimorar/ Aperfeiçoar		
Observações extras/ possíveis melhorias: A= L = T = A =		

Cálculo:

$$(t + or + r + e) - (a + l + t + a) = \cdot (-1) \therefore s$$
V n

$$(\underline{\ \ }+\underline{\ \ }+\underline{\ \ }+\underline{\ \ }) - (\underline{\ \ }+\underline{\ \ }+\underline{\ \ }+\underline{\ \ }) = \cdot (-1) \therefore s$$
V n

$$\underline{\hspace{5cm}} - \underline{\hspace{5cm}} = \underline{\hspace{2cm}} \cdot$$
(-1)

A primeira pontuação é menor que a segunda? _______________

Resultado da soma da _______________

Parecer = _______________ (vide tabela 3)

∴ ____ (com a ressalva _______________)

Nome do Projeto:

Primeira Parte

Item	Pontuação	Motivo da pontuação
T = Tempo		
OR = Obrigação de Recursos		
R = Reflexos		
E = Energia		

Observações extras/ possíveis melhorias:

T –

OR -

R –

E –

Segunda Parte

Item	Pontuação	Observação
A = Adequação		
L = Labuta		
T = Tornar maior/ transpor		
A= Aprimorar/ Aperfeiçoar		
Observações extras/ possíveis melhorias: A= L = T = A =		

Cálculo:

$$(\ t + or + \ r + e \ ) - \ (a + l \ + t \ + a \ ) = \ \cdot (\text{-}1) \therefore s$$
$$\sqrt{\ } n$$

$$(\_\_ + \_ + \_ + \_\_) - (\_\_ + \_\_ + \_\_ + \_\_) = \ \cdot (\text{-}1) \therefore s$$
$$\sqrt{\ } n$$

$$\_\_\_\_\_\_\_\_\_\_\_\_\_\_ - \_\_\_\_\_\_\_\_\_\_\_\_ = \_\_\_\_\_ \cdot$$
$$(\text{-}1)$$

A primeira pontuação é menor que a segunda? ____________

Resultado da soma da ______________

Parecer = ________________ (vide tabela 3)

∴ ____ (com a ressalva _____________________)

Nome do Projeto:

Primeira Parte

Item	Pontuação	Motivo da pontuação
T = Tempo		
OR = Obrigação de Recursos		
R = Reflexos		
E = Energia		

Observações extras/ possíveis melhorias:

T –

OR -

R –

E –

Segunda Parte

Item	Pontuação	Observação
A = Adequação		
L = Labuta		
T = Tornar maior/ transpor		
A= Aprimorar/ Aperfeiçoar		
Observações extras/ possíveis melhorias: A= L = T = A =		

Cálculo:

$(\; t + or + \; r + e \;) - (a + l \; + t \; + a \;) = \cdot (-1) \therefore s$

V n

$(\_\_ + \_ + \_ + \_\_) - (\_\_ + \_\_ + \_\_ + \_\_) = \cdot (-1) \therefore s$

V n

_________________ – _________________ = ______ .

(-1)

A primeira pontuação é menor que a segunda? ______________

Resultado da soma da _________________

Parecer = ___________________ (vide tabela 3)

∴ ____ (com a ressalva ___________________________)

Nome do Projeto:

Primeira Parte

Item	Pontuação	Motivo da pontuação
T = Tempo		
OR = Obrigação de Recursos		
R = Reflexos		
E = Energia		

Observações extras/ possíveis melhorias:

T –

OR -

R –

E –

Segunda Parte

Item	Pontuação	Observação
A = Adequação		
L = Labuta		
T = Tornar maior/ transpor		
A= Aprimorar/ Aperfeiçoar		
Observações extras/ possíveis melhorias: A= L = T = A =		

Cálculo:

$(\ t + or + \ r + e \ ) - (a + l + t + a) = \cdot (-1) \therefore s$

$\vee n$

$(\_\_ + \_ + \_ + \_\_) - (\_\_ + \_\_ + \_\_ + \_\_) = \cdot (-1) \therefore s$

$\vee n$

$$\_\_\_\_\_\_\_\_\_\_\_\_\_\_ - \_\_\_\_\_\_\_\_\_\_\_\_\_\_ = \_\_\_\_ \cdot$$

(-1)

A primeira pontuação é menor que a segunda? _____________

Resultado da soma da ______________

Parecer = ________________ (vide tabela 3)

∴ ____ (com a ressalva _______________________)

Nome do Projeto:

Primeira Parte

Item	Pontuação	Motivo da pontuação
T = Tempo		
OR = Obrigação de Recursos		
R = Reflexos		
E = Energia		

Observações extras/ possíveis melhorias:

T –

OR -

R –

E –

Segunda Parte

Item	Pontuação	Observação
A = Adequação		
L = Labuta		
T = Tornar maior/ transpor		
A= Aprimorar/ Aperfeiçoar		
Observações extras/ possíveis melhorias: A= L = T = A =		

Cálculo:

(t + or + r + e) - (a + l + t + a) = · (-1) ∴ s
V n

(__ + _ + _ + __) – (__ + __ + __ + __) = · (-1) ∴ s
V n

______________ – ______________ = ______ ·

(-1)

A primeira pontuação é menor que a segunda? ______________

Resultado da soma da ______________

Parecer = ______________ (vide tabela 3)

∴ ____ (com a ressalva ______________________)

Nome do Projeto:

Primeira Parte

Item	Pontuação	Motivo da pontuação
T = Tempo		
OR = Obrigação de Recursos		
R = Reflexos		
E = Energia		

Observações extras/ possíveis melhorias:

T –

OR -

R –

E –

Segunda Parte

Item	Pontuação	Observação
A = Adequação		
L = Labuta		
T = Tornar maior/ transpor		
A= Aprimorar/ Aperfeiçoar		
Observações extras/ possíveis melhorias: A= L = T = A =		

Cálculo:

$(\ t \ + or + \ r \ + e \ ) - \ (a + l \ + \ t \ + a \ ) = \ \cdot (-1) \therefore s$

V n

$(\_\_ + \_ + \_ + \_\_) - (\_\_ + \_\_ + \_\_ + \_\_) = \ \cdot (-1) \therefore s$

V n

$\_\_\_\_\_\_\_\_\_\_\_\_\_\_ - \_\_\_\_\_\_\_\_\_\_\_\_\_\_ = \_\_\_\_\_ \cdot$

(-1)

A primeira pontuação é menor que a segunda? _____________

Resultado da soma da _______________

Parecer = _______________ (vide tabela 3)

∴ ____ (com a ressalva _________________________)